AF370221

# SERMON

## POUR LE JUBILÉ SACERDOTAL

### DE M. L'ABBÉ J.-B. COURSAUT

#### ARCHIPRÊTRE DE LOUVIERS

PRÊCHÉ

## DANS L'ÉGLISE NOTRE-DAME

*LE 21 MAI 1887*

## PAR M. L'ABBÉ ACARD

Chanoine honoraire, Curé de la Neuve-Lyre

ÉVREUX

Imprimerie de l'Eure, L. Odieuvre

4 bis, rue du Meilet

—

1887

27 TL
4
37196

# SERMON

## POUR LE JUBILÉ SACERDOTAL

### DE M. L'ABBÉ J.-B. COURSAUT

ARCHIPRÊTRE DE LOUVIERS

PRÊCHÉ

### DANS L'ÉGLISE NOTRE-DAME

LE 21 MAI 1887

## PAR M. L'ABBÉ ACARD

CHANOINE HONORAIRE, CURÉ DE LA NEUVE-LYRE

ÉVREUX

IMPRIMERIE DE L'EURE, L. ODIEUVRE

4 bis, rue du Meilet

1887

—

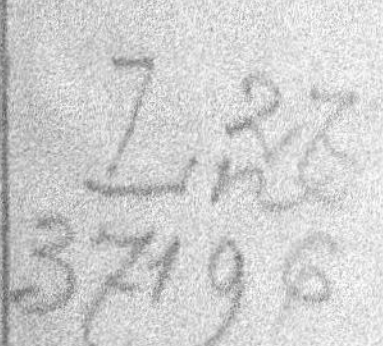

# SERMON
## POUR LE JUBILÉ SACERDOTAL

### DE M. L'ABBÉ COURSAUT

ARCHIPRÊTRE DE LOUVIERS

### PAR M. L'ABBÉ ACARD

CHANOINE HONORAIRE, CURÉ DE LA NEUVE-LYRE

---

*Cogitavi dies antiquos, et annos æternos in mente habui!*

*J'ai pensé aux jours anciens, et j'ai eu dans l'esprit les années éternelles.*

Ps. 76 — 6.

Monsieur l'Archiprêtre,

Le pèlerin de Rome, qui se dirige de France en Italie vers le terme de son pieux voyage, franchit d'abord lentement ces versants, aux pentes douces et verdoyantes par lesquels les Alpes s'élèvent progressivement du sol de notre patrie jusqu'aux sommets culminants de l'Europe. Puis arrivé, après une course déjà longue, sur ces hauteurs qui dominent des deux côtés les horizons lointains, il éprouve le besoin de faire une halte plus solennelle pour embrasser d'un coup d'œil le chemin parcouru, et d'autre part plonger attentivement son regard dans la direction du but final. Il revoit d'un côté sous des aspects nouveaux ces ondulations successives, qui de la plaine perdue là-bas dans la brume du couchant l'ont amené jusqu'à cette merveilleuse altitude. Il mesure avec bonheur l'espace franchi, les difficultés vaincues, les hauteurs atteintes. Puis il se retourne de l'autre côté! Par-là maintenant la pente se précipite, plus abrupte et plus rapide; la descente sera moins longue que la montée, sans être pour cela moins difficile. Mais au-delà de ces abimes sombres, qui s'ouvrent sous ses pas comme pour l'engloutir, il contemple ces horizons d'azur, qui l'appellent comme vers un paradis de délices, et derrière lesquels il voit déjà dans l'espérance de son cœur se dresser les collines de la Ville Sainte, but et terme bienheureux de son long et laborieux voyage.

Eh bien! Monsieur l'Archiprêtre, dans l'ordre des choses morales, dans ce voyage de la vie, qui pour le chrétien, et à plus forte raison pour le prêtre, n'est qu'un pieux pèlerinage vers la Cité éternelle, vous voilà arrivé, vous aussi, à une de ces grandes étapes où l'on éprouve le besoin de s'arrêter un instant pour jeter un regard derrière soi et un autre regard vers l'avenir.

Tacite disait que 15 ans sont un grand espace dans la vie d'un mortel : *Quindecim annos grande mortalis ævi spatium (Agricola)*. Mais 50 ans c'est une période qu'on n'y voit point deux fois, surtout quand on la compte à partir de 25 ans. Ah! quel magnifique regard rétrospectif il y a à jeter vers ce passé, vers ces ascensions progressives de l'âme portée sur les ailes de la grâce jusqu'à ces sommets de l'autel eucharistique, qui sont le point culminant de la destinée humaine ici-bas.

Et quel autre regard plein d'espérances nous pouvons ensuite élever vers ces horizons éternels plus radieux encore et plus beaux que Dieu déroulera un jour devant nous, car, il l'a juré, et son serment est sans repentir, ce n'est pas pour 50 ans et au-delà, que nous sommes prêtres, c'est pour l'éternité!

*Juravit Dominus et non pœnitebit eum, tu es sacerdos in æternum.*
(Ps. 109-4.)

Repassons donc ensemble, Monsieur l'Archiprêtre, dans la joie de cette fête et pour l'édification de tous ces cœurs fidèles, qui vous entourent de leurs sympathies respectueuses, ces jours anciens du prêtre, plus lumineux et plus remplis de Dieu, que ceux sur lesquels le royal Prophète aimait à arrêter sa pensée : *Cogitavi dies antiquos!*

Et si, suivant la grande parole de Bossuet, ces jours écoulés ne sont qu'une avance prise sur nous par la mort, bravant son aiguillon brisé à tout jamais par le Rédempteur, et nous inquiétant peu de la victoire d'un jour qu'elle remportera sur nous, nous contemplerons de loin ces années éternelles où Dieu couronnera en nous les dons de sa grâce. *Et annos æternos in mente habui.*


Les jours anciens du prêtre! Pour en retrouver la première aurore, il faudrait remonter jusque dans cette lumière inaccessible où la pensée divine dispose tout avec force et sagesse. On demandait un jour à S. Aagustin ce que pouvait faire Dieu avant la création des mondes dans les muettes profondeurs de son éternité solitaire. Et le grand docteur fit cette réponse, digne de sa foi et de son génie : « Il vous aimait! » Combien plus a-t-il dû aimer et caresser de loin dans les desseins de sa Providence cet élu de son cœur, prédestiné à devenir son représentant et son ministre sur la terre. A la suite de la Vierge Immaculée, le prêtre peut dire qu'il est sorti de l'intellect divin, comme un fils premier-né ayant droit d'ainesse sur toute créature dans l'héritage du Seigneur. *Ego ex ore Altissimi prodivi, primogenita ante omnem creaturam.* (Eccl. 24-5.)

Lorsque l'heure sera venue de réaliser dans le temps ce

dessein de son éternité, Dieu fera jaillir de cette contemplation toute-puissante par laquelle il enfante son Verbe, prêtre par excellence, un reflet plus beau et plus pur que celui qui lui a a servi de prototype pour créer l'homme à son image et à sa ressemblance, et sur ce fils privilégié de l'humanité, il soufflera un souffle de vie surnaturelle, près duquel toute vie terrestre pâlit comme les étoiles pâlissent devant le soleil levant. Quand il le marquera, comme tout chrétien, du sceau indélébile de son baptême, il y ajoutera un signe de prédilection, qui de ce doux et tendre Jacob, inconscient encore de sa destinée, fera l'héritier de la promesse éternelle, et le prince futur du peuple choisi. A lui aussi il dira comme aux anciens patriarches : « Compte, si tu le peux, les étoiles du ciel et les grains de sable du rivage, et je multiplierai pour toi les grâces au-delà de leur nombre, car en toi les nations seront bénies? »

Monsieur l'Archiprêtre, ce premier sourire de Dieu sur votre front d'enfant, il est descendu sur vous sans retard ! Dès le premier soir de votre existence l'eau sainte du baptême coulait sur votre tête! précieuse coutume à retenir, mes frères! Ainsi l'empire du démon sur l'élu du Seigneur fut aussi court que possible, et à l'imitation de Jean-Baptiste, dont on vous donna le nom, vous fûtes sanctifié presque dès le sein de votre mère. Il y a de cela 75 ans! et si longue que soit cette période, on en peut compter les jours, les heures, les minutes. Mais qui comptera les grâces tombées sur vous depuis cette première grâce du baptême, jusqu'à celle de la Messe d'aujourd'hui? Si votre mémoire n'y peut suffire, que votre esprit les embrasse toutes dans une commune pensée, s'exhalant devant Dieu en un hymne de reconnaissance, que tous nous redirons avec vous! *Cogitavi dies antiquos et meditatus sum cum corde meo.*

Les jours anciens du prêtre! ce sont ces jours heureux

d'une première enfance chrétienne et des premiers appels de la voix divine qui constituent la vocation. Là encore, quels doux souvenirs pour vous, Monsieur l'Archiprêtre !

Dieu avait béni votre race, comme celle de ces saints patriarches dont je viens de parler : il avait multiplié ses rejetons à l'égal de ceux de Jacob, et dans ces douze fils de la bénédiction, vous teniez le rang prédestiné de Joseph dans la descendance de Rachel. Ainsi les glorieux priviléges de l'enfant de la prédilection ne tardèrent pas à reposer sur vous. Vous fûtes ce fils qui grandit et dont l'arc se tend dans la force. *Filius accrescens Joseph, sedit in forti arcus ejus*, et sous cette rosée de grâces dont vous combla le Tout-Puissant, vous devintes le Nazaréen, c'est-à-dire le consacré, parmi vos frères : *Fiant in capite Joseph et in vertice Nazarei inter fratres suos.* (Gen. 49-26).

Comme Joseph encore, vous ne connûtes point longtemps les caresses de votre mère selon la chair, mais en quittant ce monde elle vous laissa entre les bras de votre Mère du ciel. Marie alors vous environna de son amour, dont l'amour de Rachel pour ses fils ne pouvait être qu'une faible image. Elle fut pour vous le porte-voix de Dieu, et le jour où pour la première fois il se reposa dans votre cœur, « Celui qui crée tout ce qu'il veut, vous donna par Elle ses ordres définitifs, et il vous dit comme à la Vierge bénie : Ta demeure sera celle de Jacob et ton héritage celui d'Israël, et tu pousseras les racines parmi mes élus. » *Tunc præcepit et dixit mihi Creator omnium et qui requievit in tabernaculo meo : In Jacob inhabita, et in Israël hereditare et in electis meis mitte radices.* Et pour que rien ne pût entraver cet appel de son cœur, il vous conduisit dans cette maison de S. Acheul, véritable terre promise, où coulaient alors en abondance le lait et le miel de la vertu et de la science, où votre vocation put grandir en paix, à l'instar de cette germination mystérieuse qu'on croit sentir et entendre monter des entrailles de la terre aux beaux jours du printemps.

Dans cette demeure sacrée vous apprîtes à servir à l'autel du Seigneur, *Et in habitatione sancta coram ipso ministravi.* Vous vous affermîtes dans Sion et vous vous établîtes doucement dans la Cité sanctifiée comme dans le lieu de votre repos. *Et sic in Sion firmata sum et in civitate sanctificata similiter requievi.* Vous vous enlaçâtes comme la vigne à l'autel, et les premières fleurs de votre vocation devinrent des fruits précieux : *Ego quasi vitis fructificavi et flores mei fructus honoris et honestatis.* La Vierge que vous aimiez si bien, la Mère de la pure dilection, de la crainte filiale, de la science et de la sainte espérance répandit sur vous ses grâces de choix. Elle fit rayonner sur votre enfance, comme une aurore chargée de lumière, cette discipline mêlée de douceur et cette doctrine pleine de force qui sont la formation nécessaire du prêtre; *qui mittit disciplinam sicut lucem, et doctrinam quasi antelucanum illumino omnibus.* Ainsi le ruisseau destiné à devenir un grand fleuve, se distille goutte à goutte, d'une roche verdoyante sur des hauteurs enveloppées d'air pur, où hélas! il ne remontera plus! C'était alors la joie sans mélange, le mérite sans épreuves, le labeur sans peine, la victoire sans danger! Jours heureux, qu'il est doux de vous avoir connus! qu'il est doux de vous évoquer encore, quand vous êtes déjà loin de nous! *Cogitavi dies antiquos!*

Mais l'heure vint où Dieu vous dit : « Sors de ton pays et de ta parenté et va dans la terre que je te montrerai. » Et c'est ainsi que vous êtes venu parmi nous dresser votre autel au Seigneur. Ce fut alors que Dieu fit luire pour vous ces grands jours de vos ordinations, ces jours sacrés qu'aucun prêtre n'oublie, où le front dans la poussière, les yeux dans les larmes et le cœur dans l'extase, vous prîtes à tout jamais pour votre unique et virginale épouse la sainte Église du Christ, où venu ici fils de la terre vous vous relevâtes fils du ciel!

Avec quelle vérité nous disions en ces temps d'heureuse

jeunesse, non pas seulement comme aujourd'hui dans le sens mystique et figuré, mais dans le sens littéral le plus absolu : *Introïbo ad altare Dei ad Deum qui lætificat juventutem meam.* Quelle ferveur dans ces premières effluves du zèle sacerdotal sur les âmes! quelles pures jouissances dans ces premiers actes du ministère, dans ces premiers sacrements administrés d'une main toute chaude encore des onctions de l'huile sainte! Tout semblait de rose alors! On ne voyait que des moissons! on ne croyait point que l'ivraie pût jamais se mêler au bon grain. Ainsi, quand part le navigateur pour un long voyage, Dieu incline doucement sous son navire les premiers flots qui le balancent, et lui cache sous l'horizon limpide les nuages qui portent la tempête. Après tout, ces jours heureux compensent largement les jours sombres qui ont pu se lever depuis. Ceux-ci s'oublient, et les autres demeurent toujours présents à notre pensée comme un doux et cher souvenir; *Cogitavi dies antiquos!*

Mais à quoi bon remonter si haut? Les jours anciens! je puis les récapituler avec vous, Monsieur l'Archiprêtre, avec toute cette assistance, sans sortir de ces lieux.

Si vous comptez 50 années de sacerdoce, vous comptez 40 ans de ministère dans cette ville de Louviers où l'on peut dire que toute votre existence sacerdotale s'est concentrée. C'est là surtout que vous avez été prêtre! C'est là qu'il nous faut regarder les œuvres de votre sacerdoce, pour remercier Dieu de les avoir accomplies par vos mains, et je résumerai en deux mots votre vie et votre action dans cette paroisse : Vous y avez été le prêtre de Marie, le prêtre de la Sainte-Eucharistie.

Lorsque vous êtes venu ici, les temps étaient troublés, et comme le nautonier quand gronde l'orage, vous avez levé vos yeux vers l'Étoile de la mer, et la tempête a passé, plus bénigne peut-être que celle qui monte à l'heure actuelle, car ses vagues soulevées ne battirent point jusqu'à l'autel !

Vos yeux néanmoins restèrent toujours fixés sur votre douce et radieuse Etoile, et de la Vierge bénie qui avait été la mère de votre enfance, vous fîtes la Reine de votre sacerdoce! Prêtre du mois de mai, vous avez voulu être et rester le prêtre de Marie! Et pour montrer qu'elle serait vraiment reine en ces lieux, votre premier soin fut de lui donner un palais digne d'elle. La vieille église élevée en 1201 par les bourgeois de Louviers en l'honneur de Notre-Dame, menaçait ruine et restait inachevée. A l'heure où le génie moderne créait et multipliait ces admirables établissements qui ont couvert le sol de cette ville et porté au loin l'honneur de son nom et de son industrie, vous n'avez point voulu que le temple divin demeurât comme une épave désolée au milieu de la cité transformée. Vous l'avez rajeuni, restauré, agrandi, vous lui avez rendu ses lignes si pures, ses ornements si délicats, hymne de pierre qui chante à tout venant la gloire de Marie, le zèle de son prêtre et la générosité de ses fidèles.

En vous mettant ainsi, vous et les âmes confiées à vos soins, sous la protection de la Reine du ciel, vous preniez la voie sûre qui conduit au salut. Au jour lamentable de la chute originelle, quand tout semblait perdu pour l'humanité déchue, ce fut la Vierge Immaculée qui fut montrée à nos premiers parents comme l'aurore de leur délivrance. En nos temps où l'arbre fatal du Paradis terrestre a multiplié ses rejetons, au point de devenir comme une forêt immense qui nous enveloppe de toutes parts, quand le démon redouble ses ruses et ses assauts pour faire cueillir à toute main imprudente le fruit défendu, combien plus nous avons besoin de Marie pour écraser la tête du serpent! Sans elle, que serait, hélas! notre ministère?

C'est Elle qui nous garde ces âmes d'enfants, blanches colombes que le flot impur voudrait ravir et souiller, mais que l'Arche du ciel protège et abrite. Ah! tant qu'il se trouvera une mère pieuse pour mettre sur les lèvres innocentes de son enfant le nom de Marie, comme un sceau inviolable et sacré, le serpent qui le guette pourra le mordre au talon peut être, mais son venin infernal ne le touchera pas au cœur !

C'est Marie qui garde ces âmes de jeunes filles qu'elle embaume des parfums de sa virginité, fleurs échappées du Paradis terrestre, qui croissent à l'ombre de son autel dans la piété, la ferveur et toutes les vertus !

C'est Marie qui verse son cœur de Mère dans ces cœurs admirables de nos Mères chrétiennes, Véroniques fidèles de la Sainte Eglise outragée, qui la consolent généreusement de ses douleurs.

C'est Marie encore, qui nous ramène ces âmes égarées, nous appelant à leur dernière heure, et qu'avec son secours nous espérons remettre encore efficacement dans la voie du salut, qu'elles ont si longtemps oubliée.

Le progrès moderne a heureusement perfectionné les phares de nos côtes, en ajoutant à leurs feux des voix sonores, qui dans les temps de brume rappellent au pilote égaré où sont les écueils à éviter, et le ramènent vers l'entrée du port. Marie est cette voix salutaire, qui retentit dans les nuits sombres de ceux qui ont perdu la lumière, espérance des désespérés, secours des chrétiens en détresse, salut des faibles, et refuge des pécheurs ! A Jésus par Marie ! C'est la route indiquée par saint Bernard, c'est celle que vous avez suivie, Monsieur l'Archiprêtre, et tout naturellement vous avez trouvé Jésus, et le prêtre de Marie est devenu le prêtre de la Sainte-Eucharistie !

Si d'autres paroisses peuvent rivaliser avec celle de Louviers dans le culte de la Très-Sainte Vierge, il n'en est point, je pense, où le culte de l'Eucharistie ait été entouré de plus d'honneur, de dévotion, de pompe et d'éclat.

L'autel ! c'est en effet le centre, autour duquel gravite toute vie chrétienne, à plus forte raison, toute vie sacerdotale, car c'est avant tout pour monter à l'autel que nous sommes prêtres. *Omnis pontifex pro hominibus constituitur, ut offerat sacrificia.* (Heb. 5-1) Pour vous, Monsieur l'Archiprêtre, comme pour le

Roi-Prophète, le tabernacle du Seigneur a été cet objet de prédilection dont on ne se sépare point : *Quam dilecta tabernacula tua, Domine Deus virtutum.* Quand vous avez senti vos forces défaillir, au lieu de vous éloigner, vous vous êtes rapproché plus près encore de l'autel, et vous avez fait de la demeure de Dieu votre demeure presque permanente; *Concupiscit et deficit anima mea in atria Domini* (Ps. 83) Quand vous avez dû remettre entre les mains de vos zélés auxiliaires une large portion du ministère pastoral, votre cœur et votre chair n'ont point cessé de tressaillir au contact du Dieu vivant : *Cor meum et caro mea exultaverunt in Deum vivum.* Et par une grâce spéciale du Seigneur, voilà 50 ans que vous répétez ainsi fidèlement chaque jour le cri d'allégresse de votre jeunesse sacerdotale : *Introibo ad altare Dei !* C'est-à-dire que voilà 18,000 fois environ que vous montez au saint autel ! 18,000 fois qu'à votre parole les cieux s'ouvrent, et que le Verbe divin offre par vous le sacrifice tout-puissant, qui renouvelle sans cesse les miracles et les bienfaits de l'Incarnation et de la Rédemption ! 18,000 fois que vous l'avez touché de vos mains émues, enveloppé de vos regards, reçu dans votre cœur, communiqué aux fidèles : *Quod vidimus oculis nostris, quod perspeximus et manus nostræ contrectaverunt de verbo vitæ annuntiamus vobis ut et vos societatem habeatis nobiscum* (1 Jo. 1-1) Qui pourra dire la somme de grâces et de mérites que représentent pour vous ces 18,000 messes, et pour votre peuple si dévot à la Sainte-Eucharistie, ce nombre incalculable de communions par lesquelles il a participé directement aux fruits de ces 18,000 sacrifices offerts à son intention.

En effet, mes frères, le prêtre de la loi nouvelle n'est pas comme le pontife de l'Ancien Testament. Il n'entre pas seul dans le Saint des Saints, interposant entre lui et l'assistance un voile impénétrable. Tous sont appelés à s'approcher de la Victime sans tache qu'il immole pour le peuple en même temps que pour lui-même : *pro semetipso quemadmodum pro populo.*

Et c'est là, mes frères, surtout aujourd'hui, notre meilleure source de salut.

Au sein de Troie en flammes, le vieux Priam tenait ses autels embrassés comme le dernier espoir de sa patrie et de sa race expirantes. Eh bien nous aussi, à mesure que les fumées du puits de l'abîme montent plus intenses que jamais, allons à l'autel chercher les vertus qui sauvent les individus et les nations ! *Altaria tua, Domine virtutum ! Rex meus et Deus meus* (Ps. 83-4) Nous ne sommes plus, en fait de christianisme, de la race des aigles, mais de celle des passereaux, eh bien ! allons à l'autel chercher un abri tutélaire, et un nid protecteur pour notre faiblesse ; *Etenim passer invenit sibi domum et turtur nidum sibi ubi ponat pullos suos.* Nous ne sommes plus de cette forte race des-chrétiens d'autrefois, qui savaient faire pénitence, et qui complétaient à l'exemple de l'apôtre ce qui manquait à la Passion de J.-C. pour leur rachat absolu : *Adímpleo quæ desunt passionum Christi* (Col. 1-24). Il faut que Notre-Seigneur paie aujourd'hui plus largement notre dette à la justice de son Père. Et c'est de l'autel qu'il nous enverra le secours dont nous aurons besoin, c'est là qu'il disposera dans notre cœur amolli ces ascensions puissantes, qui de la vallée des larmes nous ramèneront vers les hauteurs où il nous veut : *Beatus homo cujus est auxilium abs te, ascensiones in corde suo disposuit, in valle lacrymarum in loco quem posuit.* Un seul jour devant le tabernacle vaut mieux que mille : *Melior est dies una in atriis tuis super millia !* Si vous voulez le goûter et le sentir, mes très chers frères, repassez avec nous ces grands jours de l'Eucharistie dont vous avez été les heureux témoins, ces jours de première communion si radieux et si purs, ces jours de communions pascales si édifiantes et si nombreuses, ces jours d'Adoration perpétuelle où votre Eglise se revêtait de pompes si merveilleuses, et que tous ceux qui ont eu leur part de ces joies, que tous ceux qui ont été ici les fidèles tenants du Dieu de l'Eucharistie chantent avec nous le *Te Deum* de l'action de grâces : car ces jours qui n'ont point de semblables dans les jours de la terre sont l'aurore de l'Eternité, comme le tabernacle est le portique du Ciel ! *Cogitavi dies antiquos et annos æternos in mente habui.*

Que sera en effet l'avenir succédant à ce passé magnifique que nous venons d'évoquer ? Question indiscrète, qu'il ne faudrait point poser si nous nous enfermions dans le cercle étroit des choses d'ici-bas. Mais nous sommes en plein dans les choses divines ; et l'avenir ! nous pouvons l'envisager, sans qu'un voile de tristesse obscurcisse nos fronts, car l'avenir pour nous, par la grâce de Dieu, c'est l'Eternité ! *Annos æternos in mente habui !* L'Eternité ! mot redoutable sans doute, mais pour l'impie seulement, mot plein de joie et d'immortelles espérances pour le chrétien et le prêtre fidèles ! *Euge serve bone et fidelis !*

Tout à l'heure, Monsieur l'Archiprêtre, quand toute voix se sera tue dans le temple, votre voix s'élevant du milieu de ce silence, redira dans un harmonieux langage, comme un écho des harpes célestes, ce, *Per omnia sæcula sæculorum*, qui ne se retrouve dans aucun chant de la terre. Dans tous les siècles des siècles ! Dieu avec nous ! *Sursum corda !* En haut les cœurs et rendons grâces au Seigneur. Voilà ce qui nous permet de jeter un regard tranquille sur l'avenir, de ce point culminant de votre vie où nous sommes placés.

Sans cette Eternité qui nous attend, cette fête avec toutes ses splendeurs ne nous laisserait en vue, après que la fumée du dernier grain d'encens se sera évanouie, qu'un triste et désolant lendemain. Ainsi, au soleil couchant, les nuages empourprés d'or, ne sont que les précurseurs des nuées sombres qui vont s'accumuler dans la nuit ! C'est qu'en effet tous ces jours anciens dont nous venons d'admirer l'éclat, ils sont hélas ! derrière nous, et nul ne peut les faire remonter sur l'horizon de notre vie. Si devant nous ne s'ouvraient les perspectives éternelles, comme au-delà de l'abrupt versant des Alpes se déroulent les champs azurés de l'Italie, qui oserait regarder du côté de cet abîme? qui oserait sur une tête de 75 ans laisser tomber ce mot d'avenir, sans qu'il paraisse une sanglante dérision? Vous pourriez me répondre : *Scribis adversum me amaritudines.* Ce que vous dites là n'est pour moi qu'une amertume, car, humainement parlant, il n'y a pas d'illusion à se faire, l'avenir à cet âge, c'est la tombe!

Ah! sans doute, Monsieur l'Archiprêtre, Dieu peut renouveler pour vous la faveur qu'il accorda au saint roi Ezéchias; il peut au cadran de votre vie, faire rétrograder de 15 ans et plus, l'impitoyable aiguille qui se hâte lentement mais sans arrêt, vers le terme de nos jours. Néanmoins, que ce soit à la moyenne de l'existence humaine ou après de longues années, il nous faudra toujours redire la parole du pieux monarque : *Vadam ad portas inferi :* Je descends vers les portes du tombeau ! et les jours de notre avenir ne seront jamais que la différence d'une soustraction : *Quæsivi residuum annorum meorum.* Nous campons ici-bas sous la tente, et un soir ou l'autre, il nous faudra la replier, comme les pasteurs nomades de l'Orient replient à la fin de la journée leur fragile abri : *Generatio mea convoluta est a me quasi tabernaculum pastorum.* Si solide que soit la charpente de notre corps, la mort broiera nos os sans effort, comme le lion broie sous sa dent puissante la proie qu'il a saisie ; *quasi leo sic contrivit ossa mea.* Déjà vous pouvez dire avec le Prophète dans un sens hélas! trop littéral : *Attenuati sunt oculi mei,* mes yeux se sont affaiblis.

Voilà pourquoi, à mesure que les choses d'ici-bas se voilent pour nous de ténèbres, il faut regarder en haut vers ces régions bienheureuses qui, suivant la parole du Dante, *n'ont pour confins que la lumière et l'amour.* Ainsi quand l'ombre de la nuit descend sur le sillage de son navire, le nautonier lève les yeux sans retard vers les étoiles qui scintillent au firmament : *Suspicientes in excelsum !* (Cantique d'Ezéchias).

Du sein de sa couche de douleurs, Job considérant la triste réalité de son avenir humain, jetait au vent du soir ces éloquentes lamentations, que tout homme peut redire au déclin de ses jours : *Solum mihi superest sepulchrum.* Le tombeau est désormais mon seul héritage, et les vers du sépulcre ma seule parenté : *Putredini dixi mater mea et soror mea vermibus!* Puis reportant sa pensée vers les merveilles de puissance et de sagesse déployées par le Créateur rien que dans son être matériel, il entamait avec Dieu ce dialogue plein de confiance que l'Eglise met sur nos lèvres quand nous prions pour nos morts. « Ce sont vos mains qui m'ont fait, Seigneur, et qui m'ont façonné des pieds à la tête, et ce serait pour me jeter par terre? *Manus tuæ fecerunt me et plasmaverunt me totum in circuitu et sic præcipitas me?* Vous m'avez pétri, comme le statuaire pétrit son argile, et ce serait pour me réduire en poussière! *Memento quod sicut lutum feceris me, et in pulverem reduces me!* Non, non! Seigneur, vous tendrez la main à votre œuvre; vous m'avez donné la vie et la miséricorde et votre visite gardera mon âme : *Vitam et misericordiam tribuisti mihi, et visitatio tua custodivit spiritum meum.* Je sais que mon Rédempteur est vivant, et qu'un jour je me relèverai de cette terre, et dans ma chair tressaillante je verrai mon Dieu. C'est l'inébranlable espérance qui repose en mon sein. »

Ah! Prêtre de la loi nouvelle, tu peux, toi aussi, avoir la même confiance. Ce n'est pas seulement ton corps que le Seigneur a façonné merveilleusement, c'est ton âme surtout qu'il s'est plu à former au souffle de sa grâce. Comme l'artiste habile qui revient sans cesse sur son esquisse dont il veut faire un chef-d'œuvre, sept fois depuis ton Baptême et ta première communion, Dieu t'a retouché de sa main divine au jour de tes Ordinations, et ce serait pour enfouir à tout jamais son chef-d'œuvre sous le couvercle d'un cercueil! qui osera jeter ce blasphème à la face du Tout-Puissant? La vie et la miséricorde, il les a répandues à flots sur toi, et sa visite dans ta demeure n'a pas été une visite d'un matin, il a été ton associé à tous les jours de ton existence ! et la mort vaincue par lui au Calvaire, viendrait encore briser ce sceau de la nouvelle et éternelle alliance? qui pourrait le penser !

Dieu comme étonné du compte audacieux que lui demandait son serviteur semble vouloir l'écraser sous l'énumération de ses grandeurs incomparables. « Prépare-toi, lui dit-il, je t'interrogerai et tu me répondras, si tu peux. » — Oui, Seigneur, je vous répondrai, moi, votre prêtre ! parce que vos grandeurs sont devenues mes grandeurs !

« Fils du néant, où étais-tu, quand je posais les fondements de la terre, quand les astres à leur matin saluaient ma gloire, quand les Anges me chantaient leur premier Hosannah ? » — Fils de votre grâce, j'étais déjà dans votre pensée et votre amour ! en décrétant l'Incarnation de votre Verbe vous songiez à ceux qui devaient continuer son sacerdoce, et déjà vous me réserviez une dignité qui n'a point été le partage des Anges.

« Téméraire, qui es-tu pour parler ainsi ! Sais-tu seulement quelles régions habite la lumière et de quel foyer la chaleur se répand sur la terre ? » — Je sais, Seigneur, que votre Verbe est la véritable lumière, qui éclaire tout homme venant en ce monde, qu'il est la voie, la vérité et la vie, et que de son Cœur sacré s'échappent les ardeurs du saint amour.

« Est-ce donc toi qui lances la foudre, et part-elle à ta voix pour revenir à tes pieds frémissante, mais soumise, te dire : Me voici ? — Ce ne sont point, il est vrai, vos foudres, que vous avez confiées à mes mains, Seigneur ! Je n'ai point à déchaîner les tempêtes de votre colère; ce sont les rosées de votre miséricorde que je suis chargé de répandre, et c'est en elle que j'espère !

« Eh quoi ! rendras-tu vains mes jugements et auras-tu raison de mes justices ? » — Oui, Seigneur, car vous m'avez dit : « Tout ce que tu délieras sur la terre sera délié dans les cieux, et j'irai chercher le pardon pour moi-même aux sources d'où je l'épanche sur les âmes, et vous ne rejetterez point un cœur contrit et humilié.

« La force de ton bras est-elle donc égale à la mienne, et ta voix tonne-t-elle avec autant de puissance : *Et si habes brachium sicut Deus, aut voce simili tonas!* — Oui, Seigneur, et la preuve c'est que vous obéissez vous-même à ma voix, et quand je prononce les paroles de la consécration vous descendez à l'instant entre mes mains. Puis-je redouter votre tonnerre quand je suis tout couvert du sang de J.-C, de ce sang de votre Fils répandu pour moi, a-t-il dit, et pour beaucoup d'autres en rémission des péchés.

Mieux que Job, nous savons que notre Rédempteur est vivant. Non seulement il est ressuscité, mais il est monté aux cieux, et nous avons recueilli ces paroles si consolantes tombées de ses lèvres divines sur les aînés du sacerdoce : « Je m'en vais vous préparer une place » *Vado parare vobis locum* (Jo. 14-2) Ce que Dieu a créé d'un mot de sa puissance dépasse déjà toute conception, que sera-ce donc de cette couronne de ses élus qu'il a préparée avec son amour, au prix de ses souffrances et de son sang répandu? Quand ici-bas nous n'avons plus guère d'autre place en perspective que celle qui sera creusée par le fossoyeur, quelle consolation de songer que le Roi de l'Éternité s'occupe de disposer notre place dans les cieux, comme on dispose la demeure d'un invité qu'on attend. Et pour que nous soyons plus sûrs d'arriver, il nous met lui-même dans le chemin : « Je vous ai placés, dit-il, pour que vous puissiez porter des fruits et que ces fruits demeurent : *Ego posui vos ut fructum afferatis et fructus vester maneat* (Jo. 15-16).

Vous avez été privilégié sous ce rapport, Monsieur l'Archiprêtre. Dans cette chrétienne paroisse, sur ce sol riche et généreux, vraie terre du printemps, *locus veris*, dans l'ordre spirituel, vous avez pu porter des fruits abondants, et ces fruits demeurent malgré les souffles mauvais. Témoin, cette exubérante floraison de toutes les œuvres chrétiennes qui s'épanouissent ici sous votre direction : œuvres de la Propagation de la Foi, de la Sainte-Enfance, de Saint-François-de-Sales, des Séminaires; Archiconfréries des Mères chrétiennes, de Notre-Dame des Victoires, du Rosaire; Tiers-Ordre de Saint François, Conférences de Saint-Vincent de Paul, Garde d'honneur du Sacré-Cœur, Adoration du Saint-Sacrement et d'autres peut-être que j'ignore mais que Dieu voit. Pendant que tant de pasteurs gémissent, comme l'épouse stérile, dans leur église déserte, le Seigneur a multiplié pour vous les joies de la fécondité et de la vie; vous voyez les fils de votre parole et de votre cœur se presser autour de vous comme les rejetons de l'olivier autour du tronc qui les nourrit. Vous pourrez vous reposer en paix, car Dieu vous a constitué là de grandes espérances : *In pace in idipsum dormiam et requiescam, quoniam tu, Domine, singulariter in spe constituisti me.*

Est-ce à dire qu'il n'y ait point d'ombre au tableau, et que votre cœur de prêtre n'ait point connu de douleurs? Ce serait dire qu'il vous manque quelque chose pour être conforme à Jésus-Christ, qui dut souffrir pour entrer dans la gloire : *Oportuit pati Christum et ita intrare in gloriam.* (Luc. 24-26). Le Sauveur du reste ne dissimula point à ses disciples cette condition. Après leur avoir fait ces admirables promesses qui furent le testament de son cœur, il ajoute : « Si le monde vous hait, il m'a haï le premier, et le serviteur n'est pas plus que le Maître : ils vous chasseront de leurs synagogues sous prétexte même de servir Dieu. Mais ne craignez pas, j'ai vaincu le monde : après les heures de la tristesse viendront les heures de la joie. » (Jo. xvi).

La prophétie de N.-S. s'est accomplie dans tous les siècles et elle s'accomplit toujours. Si en effet, laissant de côté la question de notre destinée particulière et individuelle, nous envisageons l'avenir religieux à un point de vue général, il ne nous offre rien, en ce moment, de bien rassurant. L'avenir ! ce sera demain peut-être la spoliation, les églises en deuil, les voies de Sion pleurant parce qu'on ne viendra plus à ses solennités. Dans cinq ou six ans nous toucherons à un terrible anniversaire. L'avenir, ne serait-ce point le passé que nous serions appelés à revoir? En présence de cette guerre ouverte ou cachée faite dans tous les temps et dans le nôtre au sacerdoce catholique, on éprouve le besoin de relever ses pensées et de songer aux années éternelles : *Cogitavi dies antiquos et annos æternos in mente habui.* Sans cela, où serait la justice de Dieu, où serait sa providence? Mais c'est une espérance de plus! car il a dit dans son évangile : « Bienheureux ceux qui souffrent pour la justice parce que le royaume des cieux est à eux. » (Math. v. 10).

Et pour mieux assurer aux privilégiés de son amour, la réalisation de ses promesses, N.-S. a daigné adresser lui-même pour eux à son Père cette prière toute-puissante : « J'ai gardé ceux que vous m'avez donnés, je vous prie de les préserver de tout mal; sanctifiez-les dans la vérité, et qu'ils soient un jour où je suis. » (Jo. xvii). Quelle consolation, quand approche pour nous l'heure d'un jugement toujours redoutable, de savoir que N.-S. se charge lui-même d'interpeller son Père en notre faveur, avec ces *gémissements inénarrables* dont parle l'Apôtre (Rom. 8-26). Qui donc ira à l'encontre de cette prière? Tout ce qui est à son Père n'est-il pas à lui et aux siens. (Jo. xvii-10).

Mais le ciel, mes frères, n'est pas le monopole du prêtre; il n'a rien de commun avec cet Elysée de l'antiquité, qui ne s'ouvrait que pour les demi-dieux. Ecoutez la finale de cette admirable prière de N.-S. J.-C.

« Ce n'est pas seulement pour mes ministres que je vous prie, ô mon Père, mais aussi pour tous ceux qui croiront en moi à leur parole; qu'ils ne fassent qu'un avec nous, et qu'ils voient un jour la gloire que vous m'avez donnée. » (Jo. xvii).

L'Eglise est la société complète des fidèles sous la conduite de leurs pasteurs légitimes, et son chef des cieux reconnaîtra comme siens, tous ceux qui auront entendu la voix de ses représentants sur la terre : *Qui vous écoute m'écoute.* (Luc. 10-16). Le Dieu de son autel, le prêtre ne le garde pas pour lui, il le distribue à tous. L'eau de son baptème, il la verse sur tous les fronts qui lui demandent leur régénération ; le pardon divin dont ses mains sont dépositaires, il ne le mesure à personne ; et devant tous il ouvre les portes du ciel dont les clés lui ont été confiées.

Mais aussi en retour, mes frères, n'espérez point que le sang de la Rédemption lavera vos âmes s'il ne découle sur vous de l'autel. Vous n'échapperez point au lion rugissant de l'enfer, si vous n'êtes point abrités dans le bercail du Seigneur. La barque de Pierre est frétée pour nous porter tous, matelots ou passagers, au port du salut. Si vous la quittez pour monter ces barques incertaines, ballottées à tout vent de doctrine, que ne dirigent point les pilotes accrédités par Dieu, vous êtes voués à un irrémédiable naufrage ; *quibus procella tenebrarum servata est in æternum* (Jud. 13).

Nous avons vu naguère arriver sur nos côtes de terribles catastrophes parce que de malheureux passagers, s'affolant entr'eux, n'ont point voulu à l'heure du danger, obéir au capitaine du navire. Leur chaloupe désemparée, devint promptement le jouet des vagues, et ces téméraires s'engloutirent comme une grappe humaine dans l'abîme entr'ouvert, tandis que ceux qui étaient restés dociles aux ordres du commandant, échappaient au péril et rentraient heureusement au port. C'est l'image saisissante de notre voyage vers le ciel ; nous nous sauverons avec l'Eglise et par Elle, ou sans cela, nous courons à notre perte !

Monsieur l'archiprêtre, vous en avez déjà bien débarqué sur la rive éternelle de ces âmes marquées par vous du sceau de la Sainte Eglise. Et si S. Augustin nous dit que sauver une âme, c'est prédestiner la sienne, quelle espérance doit faire rayonner sur vos cheveux blancs cette couronne d'élus qui vous attendent pour vous renvoyer la meilleure part de leur bonheur. Pour rendre cette couronne plus belle, nous demandons à Dieu de retarder encore l'heure où il la posera sur votre front. L'Eternité est assez longue pour qu'on puisse sans préjudice ravir quelques gouttes à cet Océan sans limites. Ouvrier de la première heure, à l'exemple de S. Martin, qui fut autrefois le patron de ces lieux, vous ne refuserez point le travail de la onzième, et plus généreux que le Maître de la parabole évangélique. Dieu augmentera votre salaire en proportion. Suivant la magnifique hyperbole des Saintes Ecritures, il multipliera au besoin ses éternités, pour combler de plus de gloire et de bonheur ceux qui auront conduit le plus grand nombre dans les voies de la justice : *Qui ad justitiam erudiunt multos fulgebunt sicut stellæ in perpetuas æternitates! (Dan. XII 3.)*

De l'autre côté des collines qui bordent l'horizon de cette industrieuse cité, coule un beau et large fleuve, qui mesure déjà depuis sa source un long parcours. Mais avant de toucher à son terme et de verser ses eaux dans celles du vaste abîme vers lequel se précipitent tous les fleuves de la terre, il ralentit sa course et semble s'attarder à dessein dans cette vallée qu'il embellit et féconde. Et l'Océan lui-même, pour compenser ce retard, envoie de loin vers son tributaire ses grandes vagues complaisamment accumulées à son embouchure, afin de rendre son dernier parcours plus utile et plus majestueux. Ainsi renforcé par le flot qui se mêle à ses ondes, le fleuve soulève avec plus de puissance les navires qui se confient à lui et les emporte sûrement vers la haute mer.

Que ce soit là l'image, Monsieur l'archiprêtre, de la dernière période de votre vie. Qu'à cette heure, où son cours venu de loin déjà, s'incline vers cet Océan divin, où toute vie humaine doit se perdre pour se rajeunir, Celui qui est dans les siècles des siècles et devant qui *mille ans sont comme un jour* (Ps. 84), ralentisse pour vous la rapidité du temps. Qu'exauçant les vœux de votre Evêque si bien formulés par son digne représentant (1) et cédant aux prières de vos frères dans le sacerdoce unies à celles de toute cette foule qui se presse sur vos pas, Dieu vous conserve longtemps encore à ce troupeau nourri par vous de la parole de vie, qu'il ne laisse point malgré les années qui s'accumulent, votre voix tomber, ni votre ardeur s'éteindre, et qu'il donne aux derniers temps de votre ministère une fécondité et une vie plus grandes que celles des premiers jours : qu'il fasse refluer sur vous à grands flots cette surabondance de ses miséricordes qui vous fera entrer à pleines voiles au port bienheureux avec un peuple d'élus plus nombreux, par conséquent avec plus de mérites et une plus belle récompense. Ainsi soit-il.

(1) M. l'abbé Fillion, vicaire-général.

www.ingramcontent.com/pod-product-compliance
Lightning Source LLC
LaVergne TN
LVHW020634180726
843502LV00006B/2034